DANS LA MÊME COLLECTION

Joan Hanger, *Le Petit Livre des rêves.*

Gérald Messadié, *Le Petit Livre des prières.*

Erik Pigani, *Soyez zen au XXIe siècle.*

Christine Reynolds, *Gym à toute heure.*

Penelope Sach, *Le Petit Livre de l'harmonie.*

Danielle Semelle, *Soyez Feng-shui au XXIe siècle.*

Paul Wilson, *Le Petit livre du calme.*

Paul Wilson, *Le Petit Livre du calme au travail.*

PENELOPE SACH

LE PETIT LIVRE DU BIEN-ÊTRE

PRESSES DU CHÂTELET

Traduit de l'anglais par Robert Mélinon.

Ce livre est paru sous le titre
Little Book of Well Being,
Penguin Books Australia, 1998.

Si vous souhaitez recevoir notre catalogue
et être tenu au courant de nos publications,
envoyez vos nom et adresse, en citant ce
livre, aux Presses du Châtelet,
34, rue des Bourdonnais, 75001 Paris.
Et, pour le Canada, à
Édipresse Inc., 945, avenue Beaumont,
Montréal, Québec, H3N 1W3.

ISBN 2-84592-031-8

Imaginez-vous face à une chute d'eau pure et cristalline ; vous êtes transporté par sa beauté, sa puissance, vous avez envie d'y plonger les mains et d'y boire. A présent, imaginez une mare d'eau stagnante et polluée ; elle n'évoque en vous aucune idée de bien-être, et il ne vous viendrait jamais à l'idée de vous y désaltérer.

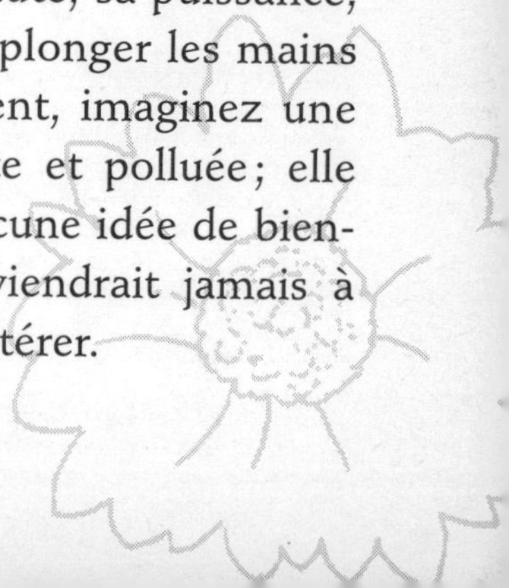

Il en va de même pour votre organisme. Si vous buvez souvent de l'eau, si vous suivez un régime alimentaire équilibré, l'oxygène arrive plus vite à vos cellules, qu'il purifie. Elles sont ainsi en permanence hydratées, libérées des toxines, et votre santé s'en ressent.

Vous abritez en vous une chute d'eau pure et vivifiante.

« La santé, comme la conscience pure, est une bénédiction que nul argent ne saurait acquérir. »

Izaak Walton, 1593-1683

Mangez des pommes

La pomme contient de
la vitamine C et des hydrates
de carbone, elle est riche
en fibres et en énergie.
Et il en existe tant d'espèces
différentes !
Pourquoi ne pas goûter
une nouvelle pomme
chaque semaine ?

Tout prêt !

Si, avant de partir travailler,
vous n'avez pas le temps de
prendre un vrai petit déjeuner,
préparez-le la veille !
Remplissez un thermos d'eau
bouillante et ajoutez-y
des flocons d'avoine ou d'épeautre ;
au matin, le mélange sera
prêt et tout chaud…

Buvez !

Pour prendre l'habitude de boire, pensez à poser une carafe d'eau sur votre table de nuit. Efforcez-vous d'avaler un verre matin et soir, puis augmentez la dose : deux verres, trois verres…

Super arnica

L'arnica soulage les bleus et les petites blessures. Prenez-en cinq gouttes, quatre fois par jour, jusqu'à amélioration de votre état. Mais attention ! Si elle est efficace contre les ecchymoses, la crème à l'arnica ne doit *jamais* être appliquée sur une plaie ouverte.

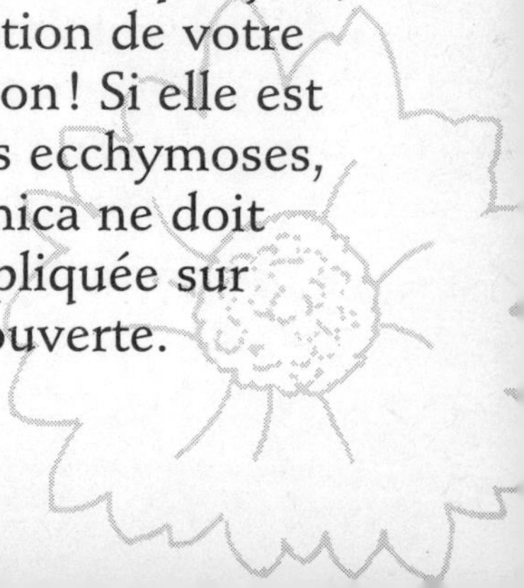

Soyez inspiré

On n'a pas toujours un papier et
un crayon sous la main, et voilà
l'idée du siècle qui s'envole
en fumée ! Pourquoi ne pas avoir
en permanence sur soi
un dictaphone ?
Vous lui confierez
vos idées de génie !

Boire et conduire

On ne boit jamais assez d'eau. Alors, ayez une petite bouteille dans votre voiture et buvez à chaque feu rouge ; ce conseil s'adresse surtout aux personnes qui conduisent souvent.

Laissez cuire à feu doux

Pourquoi rester enchaîné dans la cuisine ? Privilégiez des plats au four, ou qui mijoteront pendant que vous ferez autre chose : du sport, les devoirs avec vos enfants, un peu de jardinage… Vive la liberté !

Mal au ventre ?

Si vous êtes sujette aux spasmes, crampes et maux de tête pendant vos règles, placez une bouillotte d'eau chaude (un sachet de lavande ou de blé chaud font aussi l'affaire) sur la zone douloureuse. La circulation sanguine s'améliorera, vos muscles se détendront. Ouf !

Stressé ?

Vous êtes tendu ? Les Fleurs du Dr Bach (le « Rescue » en particulier) sont très efficaces contre l'anxiété.
Posez cinq gouttes sur votre langue trois fois par jour et, en cas de crise d'angoisse, prenez trois doses à cinq minutes d'intervalle.

La tactique de l'écureuil

On est bien souvent tenté de manger dans un fast-food, simplement parce que les placards sont vides. Stockez plutôt des nourritures saines : riz brun, céréales, légumes et fruits secs, poisson et fruits en conserve, confitures et noix. Ainsi, vous gagnerez du temps et aurez toujours quelque chose de bon à vous mettre sous la dent.

Les miracles de l'orge

On fabrique la poudre d'orge à partir de germes d'orge vert. Des recherches ont démontré qu'il facilite la fixation du fer et des minéraux et combat la prolifération des cellules cancéreuses. Versez-en une demi-cuillerée à café dans du jus de fruit, tous les matins.

Apprenez à déléguer

Vous ne *pouvez pas* tout faire, alors apprenez à déléguer. Répartissez les tâches, au bureau comme à la maison. Ça n'est pas de la paresse, c'est du bon sens !

Protéines en stock

Mais si, il y a des protéines
ailleurs que dans la viande !
Les œufs, le tofu,
les légumineuses en regorgent...
Mariez-les à des légumes,
à de la salade verte,
bref : variez les plaisirs !

Objectif : mémoire

Prenez deux comprimés de *ginkgo biloba* quelques heures avant un examen, une révision importante ou un travail intellectuel ardu. En effet, cette plante améliore l'irrigation du cerveau (sans aucun effet secondaire) et augmente la capacité de concentration et de mémorisation.

Une simple patate

Voilà un déjeuner simple et rapide : cuisez une pomme de terre en robe des champs au micro-ondes, puis évidez-la et farcissez-la de salade, de haricots ou de guacamole. Bon appétit !

Au régime

Si vous êtes au régime mais que vous devez aller au restaurant, commandez un jus de citron ou des quartiers d'orange avant le repas : les acides de fruit brûleront les graisses et vous aideront à mieux digérer.

Retrouver l'équilibre

Les bouffées de chaleur,
les cycles irréguliers et autres
symptômes de la ménopause
sont tous dus à un déséquilibre
hormonal. Si vous en souffrez,
prenez chaque jour deux
comprimés de l'herbe chinoise
Dong Quai, jusqu'à
disparition des symptômes.

De la vitamine E pour la peau

La vitamine E fait des miracles sur les peaux desséchées et ridées. Vous pouvez l'utiliser sous forme de capsule mais n'oubliez pas de consulter votre naturopathe pour déterminer le dosage qui *vous* convient.

Sent-bon

Ayez toujours un déodorant parfumé ou de l'après-rasage à portée de main dans un tiroir de votre bureau. C'est tellement agréable de se sentir frais et dispos en toutes circonstances, surtout les pires !

Des bienfaits de la gentillesse

Nous gardons tous le souvenir du jour où un mot gentil a sauvé notre journée. A votre tour, ayez chaque jour un mot gentil pour vos proches, collègues et amis. Ils vous en sauront gré !

Anti-infectieux

Si vous êtes sujet aux infections urinaires, buvez chaque jour un verre de jus de canneberge, dont les vertus antiseptiques sont reconnues. En outre, il peut aussi entrer dans la composition de délicieux cocktails !

Rhume des foins

Mais si, il existe un remède !
Il vous suffit de préparer une
infusion à base de « verge d'or »
et d'en boire deux à trois tasses
par jour. Vous pouvez aussi
prendre un comprimé de radis
noir après chaque repas.

Tour du monde

La gastronomie de chaque pays correspond à son climat et à sa culture. Goûter les spécialités locales est tout naturel lorsque vous séjournez à l'étranger. Mais soyez méticuleux sur l'hygiène et, en zone tropicale, ne buvez que de l'eau filtrée ou en bouteille.

Adoucir les mœurs

La musique amène calme et sérénité, même dans les pires moments. Et elle peut vous accompagner partout ! Équipé d'un baladeur, vous transformerez les heures passées dans les transports en commun ou les salles d'attente en instants magiques…

Du zinc pour la prostate

Le zinc est essentiel à la prévention des problèmes de prostate. Demandez à votre naturopathe de vous faire passer des tests ; si votre taux est trop faible, prenez un comprimé de zinc après chaque repas. Renouvelez les examens trois mois plus tard pour vérifier les améliorations.

Nausées

Depuis 2000 ans, le gingembre est utilisé pour ses vertus apaisantes. Il soulage le mal des transports et les nausées matinales. Vous pouvez en prendre deux ou trois comprimés toutes les trois heures ou bien le boire en infusion.

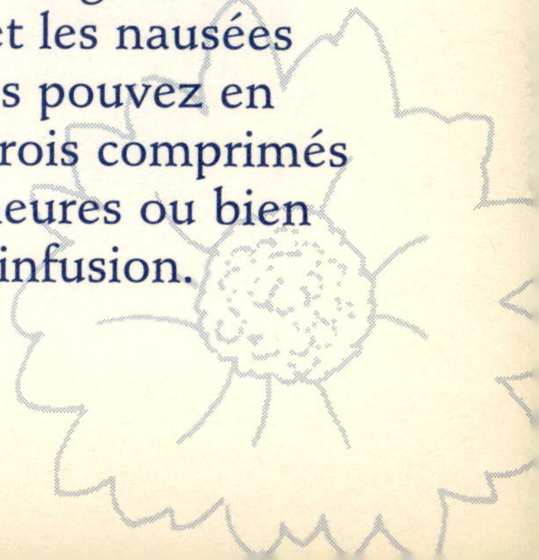

Régime de bananes

Les bananes sont riches en
potassium et en vitamine C;
et elles sont très énergétiques!
Une banane par jour suffit pour
purifier votre appareil digestif.

Et 1, et 2, et 3…

Il est souvent difficile et compliqué de pratiquer un sport. Sauter à la corde est encore le meilleur moyen d'améliorer votre rythme cardiaque et ne nécessite ni espace, ni équipement, ni même beaucoup de temps. Qu'attendez-vous pour vous y mettre ?

Nouveaux horizons

Il est de nos jours primordial
de parler des langues étrangères.
Choisissez-en une, prenez
des cours et allez mettre
vos nouvelles connaissances
en pratique sur place !

Fraîcheur

Si votre voiture n'est pas climatisée, ne désespérez pas ! Mettez un bloc de glace dans une glacière sur la banquette arrière. En cas de forte chaleur, ôtez le couvercle : la glace rafraîchira l'air et rendra le voyage un peu plus supportable.

L'avoine pour la peau

Si vous souffrez d'une dermatose, de psoriasis ou d'eczéma, prenez des bains de lait d'avoine. Mettez une tasse de flocons d'avoine dans une chaussette que vous ferez « infuser » avec vous dans l'eau. Les vertus anti-inflammatoires et calmantes de l'avoine apaiseront les démangeaisons.

En-cas simplissime

Préparez de la soupe, versez-la dans un bac à glaçons et placez le tout au congélateur. En cas de petit creux, il vous suffit de prendre un ou deux cubes de soupe et de les mettre au micro-ondes. Facile !

De l'éclat avant tout

Pour avoir des cheveux étincelants, rincez-les à l'aide d'un mélange de bicarbonate de soude et d'eau (une cuillerée à café pour une tasse d'eau). Ça marche encore mieux s'il reste un peu de laque sur les cheveux. Le résultat vous surprendra !

Anti-gaspi

En Nouvelle-Écosse, tous les vendredis soir, les Canadiens font un « repas suisse ». Ce soir-là, ils mangent tous les restes de la semaine ; les résultats sont surprenants de créativité ! Pourquoi ne pas essayer ?

Vampirique

L'ail est un remède bien connu dans les campagnes contre les rhumes et les coups de froid. Pour vous protéger des attaques bactériennes – surtout si vous voyagez –, prenez un comprimé d'ail après chaque repas.

Délice aquatiques

Accordez-vous un long bain langoureux, une fois par semaine. Adoucissez l'eau à l'aide d'une demi-tasse de bicarbonate de soude et ajoutez quelques gouttes d'huile essentielle de lavande. Son doux parfum flottera ensuite dans la pièce pendant des heures.
Un délice...

Deux précautions valent mieux qu'une…

Photocopiez vos pièces d'identité
et votre carnet d'adresses.
Cela vous évitera bien des soucis
le jour où ils seront égarés,
ou pire : volés. Ce conseil
s'adresse en particulier
aux globe-trotters.

Élixir de vie

Efforcez-vous de boire un verre
de jus de carotte par jour.
Ce légume riche en béta-carotène
et en enzymes aidera
votre organisme à lutter contre
le cancer et les maladies
cardio-vasculaires.

Cadeau !

Avant de partir en voyage, pensez à acheter quelques petits cadeaux à emporter. Grâce à eux, vous pourrez dire « merci » ou « au revoir » à vos nouveaux amis avec originalité.

Chaud devant !

Pourquoi ne pas emporter
votre soupe, infusion ou plat
de légumes dans un thermos ?
Ainsi, une fois au bureau,
vous n'aurez pas besoin de
le réchauffer au micro-ondes !

Un temps pour tout

Les vitamines en comprimé sont très concentrées et ne doivent pas être avalées l'estomac vide. Les vitamines énergétiques (B, C et E) doivent être prises après le petit déjeuner, et le calcium après le dîner.

Grand nettoyage

Votre corps a parfois besoin de faire une pause. De temps en temps, passez une journée sans absorber de nourriture solide : toutes les deux heures, buvez un grand verre de jus de fruit frais. Vous débarrasserez votre organisme de toutes ses toxines et vous sentirez beaucoup mieux, ensuite.

La myrtille pour les yeux

La myrtille améliore la vision nocturne. De fait, durant la Seconde Guerre mondiale, les pilotes de la RAF mangeaient quantité de confiture de myrtille ! Si votre naturopathe n'y voit pas de contre-indication, prenez une cuillerée à café de teinture-mère de myrtille tous les matins.

Deux en un

Pour ne pas perdre de temps
à attendre que les masques
et autres traitements capillaires
fassent leur effet, posez-les juste
avant de faire du sport.
Ils agiront pendant l'effort et
vous n'aurez ensuite qu'à
prendre une bonne douche !

Au bonheur des pieds

Profitez de ce que vous êtes
au téléphone pour faire travailler
vos pieds : ôtez vos chaussures
et étirez votre plante de pieds
en vous mettant sur la pointe.
Puis accomplissez cet exercice
emprunté au yoga : remuez les
orteils de haut en bas et écartez-les
au maximum – dix fois de suite.

Haleine fraîche

Pour une haleine durablement
fraîche et des dents éclatantes,
gardez brosse et dentifrice
à portée de main et brossez-vous
les dents après chaque repas.
Utilisez souvent votre fil dentaire
pour éviter aux débris
alimentaires de s'accumuler
entre vos dents.

Luxe, calme...

La lavande possède des vertus apaisantes. Quand vous êtes stressé, fatigué, que vous avez pleuré, posez sur vos paupières un petit sachet de lavande humide et laissez-vous aller, le temps d'être à nouveau frais et dispos.

Votre temps est précieux

Pourquoi ne pas confier
à des spécialistes les corvées
qui plombent votre temps libre ?
Ça ne coûte pas bien cher de
faire laver sa voiture ou repasser
son linge, et ça vous laisse
le temps de vous consacrer
à des choses bien
plus sympathiques…

Mal aux yeux?

L'euphraise accomplit des miracles sur les yeux irrités ou allergiques. Faites infuser une cuillerée à café d'euphraise dans une tasse d'eau bouillante. Laissez refroidir puis filtrez le mélange, que vous utiliserez chaque soir en bain oculaire jusqu'à disparition des symptômes.

Un peu d'organisation !

Les feuilles volantes, on les perd
ou on les oublie ! Achetez-vous
un carnet ou un agenda
et prenez l'habitude d'y noter
rendez-vous ou réflexions
personnelles. Emportez-le
partout avec vous. Ce sont
les bonnes habitudes qui font
les bonnes idées !

De l'éjaculation précoce

Si vous en souffrez, prenez soin
de votre santé et méfiez-vous
du stress. Bannissez tous
les stimulants (caféine, sodas
et alcools) et diminuez
votre consommation de calmants
et d'antalgiques. Faites du sport,
buvez beaucoup d'eau,
méditez et ne vous montrez
pas trop… rigide.

Trop de pain

Si les sandwichs ne vous font plus saliver, ne renoncez pas à la garniture pour autant ! Thon, œuf, avocat, riz, salade, saumon, tomate, concombre, laitue… Tout est bon !

Mal au cou?

Lorsque vous sentez les muscles de votre nuque se raidir, faites rouler votre tête deux ou trois fois dans le sens des aiguilles d'une montre, puis dans l'autre sens. Vous sentirez toute tension s'évanouir!

Troisième âge

Lorsqu'on vieillit, la mémoire immédiate se détériore. Et boire davantage de thé et de café aggrave les choses, car cela affaiblit les capacités cérébrales. Si vous avez des problèmes de mémoire, pensez à boire beaucoup d'eau !

Déprimé ?

Il suffit souvent de peu pour aller mieux quand on se sent à plat. Voir un ami, regarder votre film préféré, aller faire une course… Tout est bon tant que votre esprit est occupé, actif.

Trois par jour

Votre corps a besoin de carburant – exactement comme une voiture – trois fois par jour. C'est dans la nourriture que vous trouverez les vitamines et minéraux essentiels à votre organisme. Et ça n'est *pas* en sautant des repas qu'on maigrit!

Vins bio

Saviez-vous que les additifs
et conservateurs contenus dans
la plupart des vins peuvent causer
des réactions histaminiques ?
Si vous êtes de tempérament
allergique, essayez les vins bio,
qui sont beaucoup plus doux.
Et pensez à en garder quelques
bouteilles pour la saison des foins…

Coup de fouet

Pour aider votre corps à traverser l'hiver, prenez un comprimé d'échinacée et un de vitamine C par jour après un repas.

Du temps pour soi

Réservez un quart d'heure
par jour, loin des soucis du bureau
et de la maison, pour appeler
votre famille et vos amis,
organiser vos vacances,
vos sorties...
C'est vital !

Bouge de là !

Si vous restez assis toute
la journée, au travail, efforcez-vous
de marcher une demi-heure
pendant la pause. Cette balade
vous rafraîchira les idées
et réactivera la circulation dans
vos jambes. Et, si vous en avez
le courage, accroupissez-vous
de dix à vingt fois : c'est souverain !

En-cas malin

Beurre de cacahuète, pâte de noix de cajou ou de graines de sésame sont très riches en protéines et excellents sur des tartines (ce ne sont pas les enfants qui me contrediront !). Et c'est encore meilleur avec un peu de miel…

Tenez-vous droit !

Lorsqu'on se tient mal, le dos et les vertèbres cervicales sont les premiers touchés. Alors redressez-vous *dès maintenant* ! En prêtant attention à tout moment à la façon dont vous vous tenez, les bonnes postures deviendront une habitude.

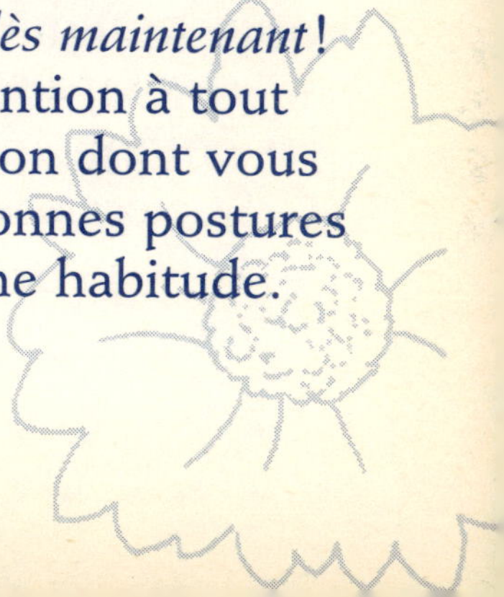

Trahison

Ce n'est pas votre visage qui dénonce votre âge, ce sont vos mains. Gardez un tube de crème pour les mains dans votre sac, au bureau, sur la table de nuit… et utilisez-le fréquemment. Si vous souffrez de dermatose, préférez-lui une crème au sorbier.

Des idées vertes et bleues

Quand vous êtes tendu,
imaginez une couleur relaxante,
par exemple bleu ciel, blanc
ou mauve. Plongez-vous
en esprit dans cette couleur puis
attaquez-vous au stress.
Ça va mieux?

Sous les yeux

Si vous oubliez de manger des fruits, placez un saladier bien en évidence, chez vous ou au bureau. Mangez-en un peu entre les repas, et renouvelez le plaisir avec des fruits exotiques !

Des bienfaits du vin blanc

Si vous mangez un plat riche en protéines (viande, poisson ou légumineuses), accompagnez-le d'un verre de vin blanc. Les acides qu'il contient contribuent à briser la molécule protéinée, comme l'acide chlorhydrique, que produit l'estomac.

Anti-douleur

Pour lutter contre les maux de tête, pensez aux huiles essentielles de romarin et de menthe poivrée. Vous pouvez les humer de temps à autre, ou bien placer une goutte de chaque au creux de la narine, toutes les heures.

Laxatif naturel

Les pommes sont souveraines contre la constipation ; la pectine qu'elles contiennent agit comme un laxatif sans causer de diarrhée ou de gaz. Alors, si vous êtes constipé, croquez la pomme – avec la peau !

Le folate pour les futures mamans

Le folate est une vitamine de type B que l'on trouve dans les légumes verts, les pains et céréales complets et les légumes secs. Pour minimiser le risque d'avoir un enfant atteint de spina-bifida (malformation de la colonne vertébrale), augmentez votre consommation de folate pendant les trois premiers mois de la grossesse.

Des ongles forts

Le varech est un dérivé d'algues riche en minéraux et excellent pour fortifier ongles et cheveux. Saupoudrez une cuillerée à café de varech en poudre sur vos aliments et, très vite, vous remarquerez la différence !

Pensez au couscous

Le couscous est fabriqué à base de semoule ; ses grains minuscules s'utilisent comme le riz et sont bien plus faciles à digérer par les enfants et les personnes âgées.

Phyto quoi?

Les phyto-œstrogènes sont des œstrogènes végétaux aux vertus bienfaitrices pour la femme ménopausée. On les trouve dans les graines de soja et leurs dérivés. Maintenant que vous le savez, pensez-y!

Bilan

Votre vie correspond-elle à vos désirs ? Si la réponse est non, faites une liste de tout ce que vous voulez changer. Peu importe le temps que ça prendra, attaquez-vous à cette liste jusqu'à ce que vos rêves soient devenus réalité.

Vive les mélanges !

Pour mieux digérer, suivez les règles combinatoires des aliments : évitez de mélanger protéines (viande, produits laitiers) et sucres lents (pommes de terre, légumineuses, céréales), et mangez des fruits en dehors des repas.

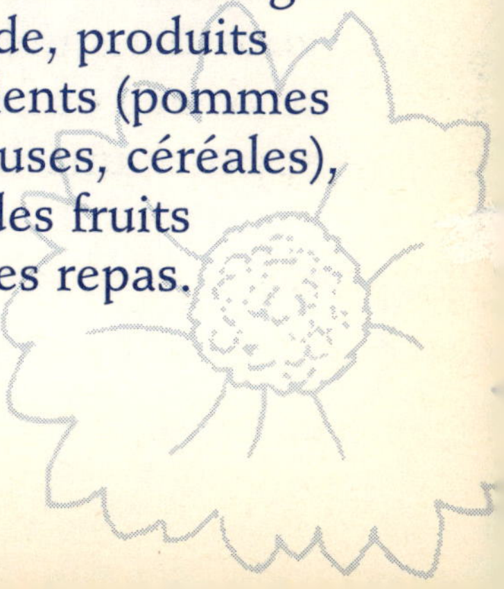

Tisane & Cie

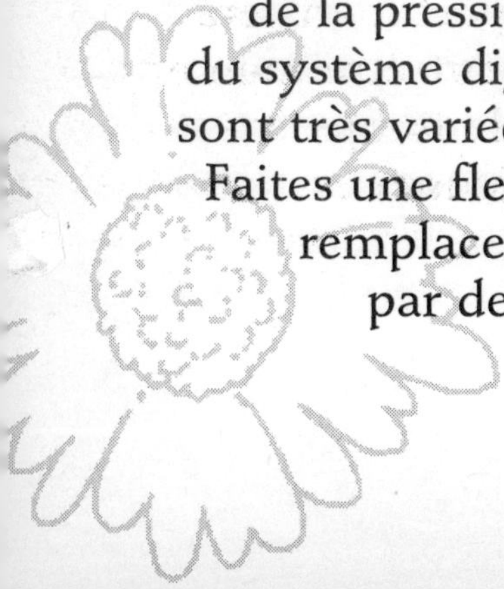

La caféine peut causer de graves problèmes de santé au niveau de la pression sanguine et du système digestif. Les tisanes sont très variées et sans caféine. Faites une fleur à votre corps, remplacez thé et café par des tisanes.

No stress

Si vous devez partir en voyage,
terminez vos bagages la veille
au soir. Votre départ n'en sera
que plus serein ; peut-être même
aurez-vous le temps
de petit-déjeuner…

Len-te-ment

Faites l'effort de parler plus
lentement qu'à l'accoutumée.
Votre respiration et votre cœur
se feront plus calmes
et vos idées plus claires !

Sauvetage

Peu importe votre âge, il n'est
jamais trop tard pour perdre
la bouée qui ceint votre taille.
Bannissez le vin et la bière
pendant six semaines et
remplacez-les par de l'eau
minérale avec un jus de citron,
une vodka-tonic ou
un Campari-soda.

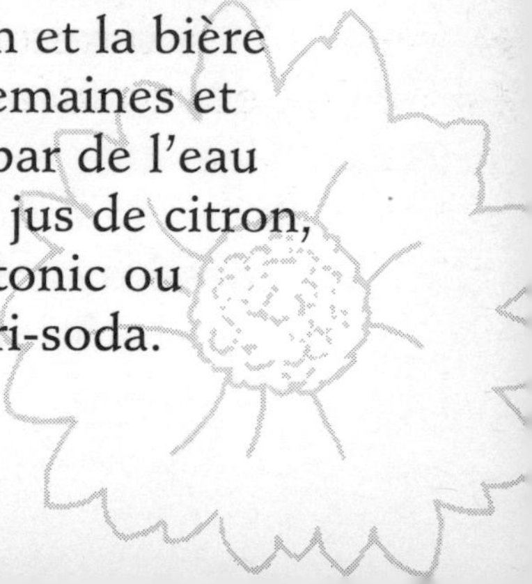

Faites maigre

Même si vous devez manger sur le pouce, prenez le temps de bien choisir ! Préférez le poisson grillé et non pas frit, les pommes de terre au four et non à l'huile, la sauce tomate plutôt que la crème fraîche, etc. Et buvez des jus de fruit ou de l'eau plutôt que des sodas.

Le vrai goût du thé

Utilisez toujours une boule à thé et des plantes (thé ou tisane) en feuilles. En effet, les feuilles ont conservé toutes leurs huiles essentielles : c'est meilleur au goût, et c'est meilleur pour vous !

La tête vide

Le cerveau est parfois comme une poubelle, il déborde de déchets indésirables. Trois fois par jour, efforcez-vous de vider totalement votre esprit. Par exemple, imaginez-vous marchant dans un long tunnel et laissant derrière vous tout ce dont vous ne voulez plus vous encombrer.

Si doux miso

Le *miso* est une pâte de soja fermentée riche en protéines et minéraux ; fabriquée au Japon, elle a un goût de noisette. Une cuillerée à soupe de *miso* diluée dans une tasse d'eau bouillante se transformera en une délicieuse soupe, mais attention, c'est très salé !

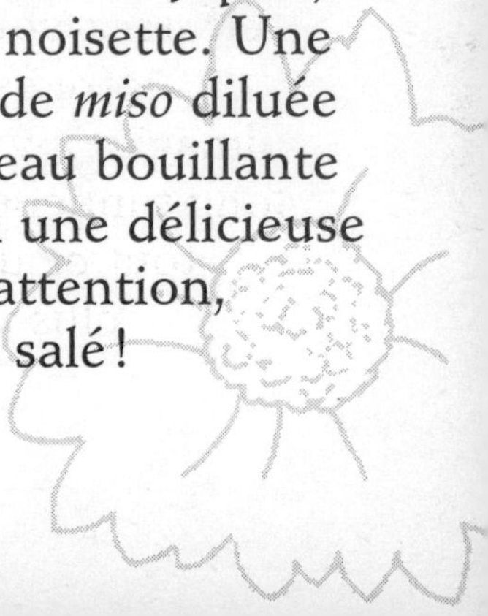

100 % coton

Si vous êtes sujet aux allergies,
à l'asthme, au rhume des foins
ou encore aux sinusites,
n'utilisez jamais de mouchoirs
synthétiques. Mouchez-vous
dans du coton, cela ne vous
causera aucune irritation.

Respiration énergétique

Vous vous sentez léthargique, paresseux ? Toutes les heures, respirez profondément cinq fois de suite. Vous vous sentirez à la fois plus vif et serein.

Démaquillage nature

Les démaquillants sont souvent desséchants et agressifs envers votre peau – sans parler de leur prix ! L'huile d'amande douce est un démaquillant naturel qui convient même aux peaux très fragiles. Elle laisse la peau propre et douce…

Indigestion

Si vous avez des problèmes de digestion, prenez l'habitude d'avaler chaque jour trois à quatre tasses de menthe poivrée en infusion. Les huiles essentielles contenues dans les feuilles de menthe calment la vésicule biliaire et soulagent cette impression de trop-plein qui suit un repas copieux.

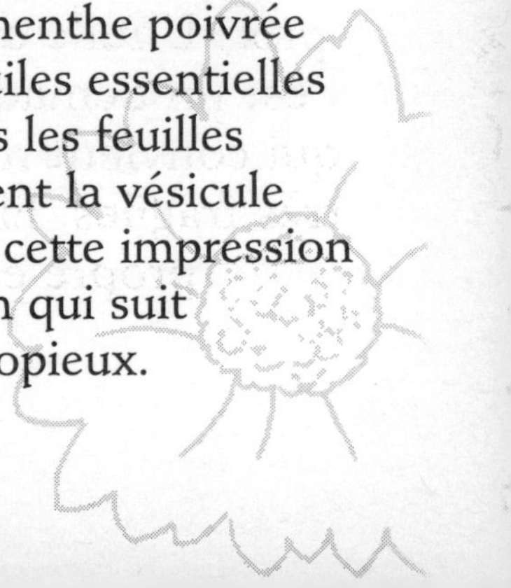

Vous allez rire...

Quand vous riez,
votre organisme produit des
endorphines et des enképhalines,
les hormones du bien-être.
Faites-vous un recueil de blagues
et semez à tout vent !

Merci la poste

Il est souvent bien compliqué
de garder contact avec les amis
qui vivent loin. Au téléphone,
on ne dit pas tout, et une lettre,
c'est bien long à écrire...
Achetez un stock de cartes
postales et envoyez-en une
de temps à autre !

Nuit magique

Il est tard. Allumez des bougies, mettez votre disque préféré, éteignez les lumières et installez-vous dans un fauteuil. La lumière douce et fragile des bougies apporte une sérénité instantanée.

Larme à l'œil

Si votre humeur se fait changeante, maussade et triste, allez consulter. Votre naturopathe vous prescrira du *pulsatilla* et tous ces fâcheux symptômes disparaîtront.

Un effort, messieurs !

Les scientifiques n'ont pas encore découvert pourquoi le sperme masculin contient parfois si peu de spermatozoïdes. On sait seulement qu'une vie saine et le *schisandra* (une herbe médicinale) sont recommandés. Si vous êtes concerné par ce problème, mangez équilibré, faites du sport régulièrement et, après consultation de votre naturopathe, prenez un à deux comprimés de *schisandra* par jour.

Bonne nuit

Les exigences de la vie moderne sont de plus en plus fortes ; il est logique que vous ayez besoin d'un sommeil de meilleure qualité. Essayez de dormir huit heures par nuit pendant une semaine, et votre capacité à mieux gérer le stress vous étonnera.

Conduisez intelligent !

Cultivez-vous sans peine ou trouvez enfin le temps de « lire » en achetant des livres enregistrés sur cassette ! Lire ou conduire, pourquoi choisir ?

Le jour du repos

Réservez-vous un jour par semaine pour faire tout ce qui vous plaît. Débranchez le téléphone. Détendez-vous, lisez, dormez...
C'est *votre* journée.
Profitez-en !

Un teint éclatant

Si votre peau est terne, sèche,
donnez-lui un coup de frais
en l'exfoliant à l'aide d'un *loofa*,
cette éponge issue du concombre
exotique séché. Faites de petits
cercles sur votre peau. Terminez
par un masque hydratant…
La différence saute aux yeux !

Problèmes de vue

Vous épuisez vos yeux à travailler sur écran toute la journée. Faites une pause de temps à autre, même si ce n'est que pour quelques minutes : regardez au loin, sans rien fixer. Si vos yeux sont secs, recourez aux larmes artificielles. Vous vous éviterez ainsi bien des problèmes oculaires !

Psycho-bouffe

Il y a tant de gens qui mangent, non parce qu'ils ont faim, mais pour se réconforter, et qui se ruinent la santé ! Au lieu de vous acheter des gâteaux et autres sucreries inutiles, investissez dans un livre, un magazine, un vêtement. Ne sacrifiez pas l'estime que vous vous portez !

Champignons médicinaux

Cela fait des siècles que Chinois et Japonais utilisent certains champignons comme des médicaments. Le *shiitake*, par exemple, régulera vos fonctions organiques, renforcera votre système immunitaire et vous aidera à combattre le cancer.

En avant !

Inutile d'attendre la nouvelle année pour prendre de bonnes résolutions. Faites-vous une liste dès maintenant, par écrit. Exemple : « Mettre en pratique six conseils tirés de cet ouvrage pour me sentir mieux ! »

J'ai le foie qui n'est pas droit...

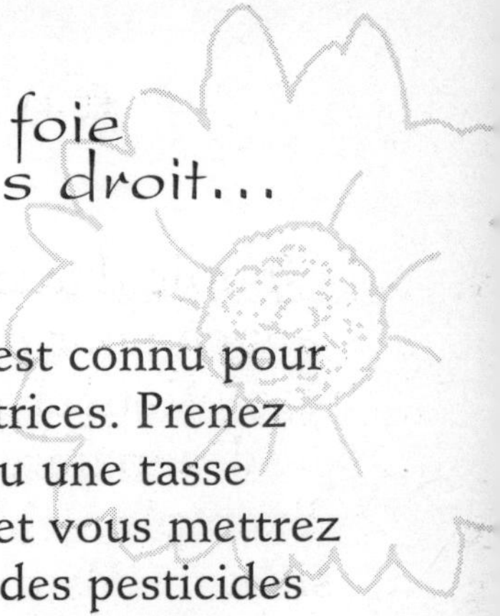

Le chardon-Marie est connu pour ses vertus protectrices. Prenez un comprimé ou une tasse d'infusion par jour et vous mettrez votre foie à l'abri des pesticides et nettoyants domestiques, de la pollution et de l'alcool. En outre, vous ferez baisser votre taux de cholestérol !

Sans souci

Vous avez la flemme de cuisiner ?
Alors coupez en morceaux
des pommes de terre et autres
potirons, brocolis, courgettes
et choux-fleurs. Arrosez le tout
de deux ou trois tasses d'eau,
deux cuillerées à soupe de miel
et une tombée de sauce de soja.
Au four, 250 °C, une heure.
Facile !

Amers

Si vous avez décidé de limiter
votre consommation d'alcool,
buvez du Schweppes.
L'amertume aidant la digestion,
vous ne vous réveillerez
pas barbouillé.

Moins de sucre

Efforcez-vous de mettre moins de sucre dans votre thé et votre café. Le sucre abîme les tissus, met à mal votre métabolisme et vos artères… Résultat : vous êtes fatigué et vous souffrez d'indigestion, d'arthrite, de diabète… Stop !

Verruca

Brûler les verrues n'est pas la panacée. Essayez plutôt de prendre trente gouttes de teinture-mère de thuya par jour, dans un verre d'eau, et ce pendant deux ou trois mois. Cette plante tuera le virus qui cause les verrues et celles-ci disparaîtront d'elles-mêmes. Pour soigner les verrues chez l'enfant, consultez votre naturopathe.

La migraine

Au temps des Grecs, on soignait
maux de tête, crampes
abdominales et migraines
en prenant de l'armoise.
C'est toujours efficace !
Un comprimé après chaque repas
ou, à défaut, une gélule
de grande camomille.

Mal au cœur?

Quand on a un problème de vésicule biliaire, les nourritures grasses donnent des nausées. Si c'est votre cas, demandez à votre naturopathe de vous prescrire une tisane de *boldo* ou d'artichaut et buvez-en une tasse après chaque repas. Dans l'idéal, vous devriez même bannir toutes les graisses de votre régime alimentaire…

Paradis mobile

Pourquoi ne pas considérer votre voiture comme un havre de paix où rien ne vient troubler votre solitude ? Les mauvais jours, vous pouvez mettre votre cassette préférée. Vous arriverez au bureau plus détendu…

Couci-couça...

L'armoise est souveraine contre
l'anxiété et la dépression, surtout
lorsque le système immunitaire
a été fragilisé par une mono-
nucléose ou une grosse grippe.
Prenez-en un comprimé
ou une tasse, en infusion,
trois fois par jour.
Ça va mieux ?

Tout ce que vous avez toujours voulu savoir sur le fer

Le fer transporte l'oxygène jusqu'aux cellules et aide l'organisme à combattre les infections et à transformer la nourriture en énergie. Si votre taux de fer est bas, mangez davantage de viandes maigres et d'aliments riches en vitamine C (brocolis, poivrons, agrumes...), cela aidera votre organisme à mieux fixer le fer.

Ergonomie

Les chaises ergonomiques ne sont pas un luxe ! Elles sont même indispensables pour ceux qui doivent passer la majeure partie de la journée assis. Grâce à elles, plus de mauvaises postures et de problèmes de dos.

Hypertension

Si vous êtes hypertendu, buvez une tasse d'aubépine en infusion trois fois par jour, ou bien prenez-la sous forme de comprimé (deux par jour). Complétez par un supplément de magnésium au coucher. En effet, magnésium et aubépine sont excellents pour la tonicité du cœur.

Les bonnes habitudes se prennent tôt

Encouragez vos enfants à boire beaucoup d'eau et faites-leur goûter des tisanes rafraîchissantes, à la menthe blanche et à la mélisse. Ils seront ainsi moins sujets aux infections urinaires qui, chez eux, passent le plus souvent inaperçues.

Mangez malin

Achetez toutes sortes de fruits secs : pistaches, amandes, noix. Vous les aurez sous la main en cas de « petits creux ». Délicieux, ils sont par ailleurs riches en protéines et en graisses mono-insaturées, excellentes pour la peau.

Mettez-vous au vert

Mangez-vous vert? La spiruline est une plante marine riche en protéines et en chlorophylle. Si vous n'avez pas assez de légumes verts à portée de main, prenez deux comprimés de spiruline par jour; cette dernière contribue à la réparation cellulaire et purifie le sang.

Calculs

Le thé noir et fort est très riche
en oxalate, le principal
composant des calculs rénaux.
Alors, préférez-lui les tisanes
et infusions, très pauvres
en oxalate, et pensez à boire
beaucoup d'eau!

Allergiques

Si vous avez le nez qui coule
et les yeux qui pleurent pendant
la saison des foins, mâchez
un rayon de miel entre les repas.
Les vertus antibactériennes
du miel et la *propolis* contenue
dans les rayons calmeront
vos réactions histaminiques.

Peau de bébé

Si votre peau est ultrasensible, ne portez que du coton lavé au savon doux et rincé à grande eau. Préférez les gants doublés en coton quand vous utilisez des détergents et, surtout, coupez vos ongles très court : en cas de démangeaison, les dégâts seront moins impressionnants !

Crise de nerfs

La noix de muscade est souveraine pour apaiser les nerfs quand vous vous sentez à bout. Prenez une cuillerée à café de muscade en poudre diluée dans un verre d'eau. Vous oublierez vos ennuis et vous sentirez serein, peut-être même légèrement euphorique...

Mieux vaut prévenir…

Il faut penser à la grippe deux
ou trois mois avant son arrivée !
Prenez un comprimé d'ail tous
les matins et buvez des jus
d'agrume (pamplemousse,
orange, citron…).
Surtout, n'oubliez pas
de bien vous couvrir !

Sensations fortes

En Inde, on utilise l'huile essentielle de jasmin comme aphrodisiaque. Massez-vous ventre et pubis avec une huile parfumée au jasmin et attendez les résultats… Vous pouvez aussi en mettre dans un brûle-parfum ou boire des tisanes de jasmin.

Brut de brut

Une fois par semaine, ne mangez
que des fruits et légumes crus,
en salade ou en jus.
Vous assainirez vos intestins
et fournirez à votre organisme
des enzymes qui stimulent
la production
des sucs digestifs.

Encore des céréales ?

Rien ne vaut les céréales au petit déjeuner mais, si la lassitude vous guette, pourquoi ne pas les épicer un peu : vanille, sirop d'érable, cardamome, fruits ? Ça n'en sera que meilleur !

L'herbe miraculeuse

Le gingembre stimule votre système circulatoire et prévient les maladies. En médecine chinoise, la chaleur c'est la vie ; et le gingembre « donne » la vie par sa chaleur. Aussi, quand vous voyagez dans les pays froids, prenez-en chaque jour deux à trois comprimés.

Que la force soit avec vous

Dans l'Antiquité, les gladiateurs mangeaient de l'orge et du blé pour prendre des forces avant de combattre. Pourquoi ne pas faire de même ? Ces deux céréales sont extrêmement riches en nutriments. Ajoutez-les à vos soupes, crêpes, salades…

Oui aux plaquettes de chocolat !

Avoir un ventre plat, ça n'arrive pas du jour au lendemain ! Commencez par dix abdominaux par jour, puis augmentez la dose. Mais pensez à bien vous concentrer sur les muscles du ventre et ne faites pas travailler inutilement le cou.

H

Si vous êtes sujet à l'herpès,
prenez un comprimé de lysine
(un acide aminé) par jour
et évitez les aliments qui
contiennent de la L-arginine :
fruits secs, chocolat,
maïs et gélatine.

A faire absolument

Dès la fin de vos règles, palpez-vous les seins. Pour cela, levez le bras et vérifiez le sein du plat de la main, par des mouvements circulaires. Vérifiez aussi vos aisselles et, si vous sentez quelque chose d'anormal, consultez votre médecin.

Aventure littéraire

Demandez à vos amis ou à votre libraire de vous conseiller des livres et prenez l'habitude de lire un peu chaque soir, ne serait-ce que quelques pages. Et si vous vous inscriviez à un club de lecture pour faire partager vos enthousiasmes ?

Premier secours

Prenez le temps de *réellement*
apprendre les gestes qui sauvent.
Gardez toujours avec vous
– à la maison, en voiture –
un kit de premiers soins. Surtout
si vous avez des enfants.

Petit plaisir

Pour un en-cas savoureux, mixez du saumon ou du thon avec des tomates, oignons, et un peu de paprika. Vous pouvez aussi mélanger avocat et tomates. C'est délicieux sur un toast!

Le pied

Même si vous n'avez pas besoin
du dernier modèle de chaussures
de sport, prenez soin de bien
les choisir. Elles doivent être
adaptées à vos pieds,
au sport que vous pratiquez
et à votre style de vie.

Gaz

Le charbon absorbe produits chimiques et toxines. Si vous êtes sujet aux flatulences et à la constipation, prenez un demi-comprimé de charbon après chaque repas puis ajustez la dose en fonction des résultats.

Avis aux fumeurs

Si vous êtes fumeur, prenez de la vitamine C ! En effet, chaque cigarette fumée en détruit entre 20 et 30 mg. Mangez des agrumes, des fraises, du chou, du chou-fleur et autres aliments riches en vitamine C, vous aiderez ainsi votre organisme à lutter contre la destruction des cellules que cause la nicotine.

Coup de chaud

Pour soulager vos muscles tendus
et douloureux, prenez une
douche brûlante de quelques
minutes, puis – quand votre peau
est encore bien chaude –
massez-vous à l'aide d'une crème
aux huiles essentielles de lavande
et de romarin.

Eau de patates

Si vous souffrez d'acidités
gastriques, efforcez-vous
de manger régulièrement des
pommes de terre et surtout
de boire l'eau de cuisson.
En effet, les hydrates de carbone
qu'elle contient apaisent
la sensation d'acidité.

Coup de frais

Votre haleine devient fétide en fin d'après-midi ? Cela arrive souvent à ceux qui parlent beaucoup et stimulent trop leurs glandes salivaires. Mâchez des chewing-gums sans sucre.

Pour la semaine

Le week-end, préparez plusieurs sortes de sandwichs (œufs, curry, poulet, thon...) ou bien un grand plat de minestrone. Vous pourrez ensuite congeler le tout et l'utiliser en cas de besoin.

Flower power

Nous offrons des fleurs pour exprimer notre joie, notre compassion. Les fleurs disent l'amour, la gratitude, le chagrin, sans qu'on ait besoin de mots. Envoyez des fleurs !

Nota bene

Les huiles essentielles peuvent être dangereuses si on ne les utilise pas correctement. Il ne faut jamais les prendre par voie interne ni les utiliser pures sans avis médical. Par ailleurs, elles ne seront efficaces que si elles sont naturelles et issues de l'agriculture biologique.

Cuticules

Profitez du temps que vous
passez dans votre bain pour vous
masser les cuticules à la lanoline.
Rincez-les avant de sortir.
Au bout de quelque temps,
vos ongles deviendront
plus beaux, plus forts !

De la variété !

On se lasse facilement
des légumes si on les cuisine
tout le temps de la même façon !
Pourquoi ne pas les mélanger
aux pâtes, soupes, viandes,
lasagnes et omelettes ?

Blessures

L'échinacée et la rose musquée
font des merveilles sur les vieilles
blessures qui cicatrisent mal.
Une application de chacune sur
la plaie, deux fois par jour.

La prunelle de vos yeux

Même si c'est plus cher, investissez dans une paire de lunettes de soleil avec une *vraie* protection contre les ultraviolets. En effet, le soleil peut sérieusement abîmer vos yeux. Pourquoi prendre des risques inutiles ?

Aïe ! ma goutte

L'ortie est très efficace contre la goutte et les douleurs rhumatismales. Buvez-la en infusion, trois fois par jour. Vous pouvez également prendre chaque soir un bain de pieds où vous aurez versé deux tasses de cette tisane et une cuillerée à soupe de sels de magnésium.

Lactose

Même si vous êtes allergique au lactose, ne bannissez pas tous les produits laitiers de votre régime alimentaire. Simplement, veillez à ne pas dépasser l'équivalent d'un verre de lait, en quantité.

CQFD

Un perdant ne voit que
les problèmes. Un gagnant, lui,
voit une solution dans chaque
problème. Alors, partez gagnant!

Fragrances

Vous voulez que vos pieds sentent divinement bon ? Alors, versez quelques gouttes d'huile essentielle de romarin et de menthe poivrée dans vos chaussures, tous les matins.

Mon cœur

Les graisses mono-insaturées et poly-insaturées réduisent le taux de cholestérol et, par conséquent, les risques de maladies cardio-vasculaires. On trouve ces « bonnes graisses » dans l'huile de saumon, les graines de lin, les pépins de raisin et l'huile d'olive… mais souvenez-vous bien qu'elles perdront toutes leurs vertus si vous les faites chauffer !

Faites des projets

On passe des journées entières
à préparer les vacances, pourquoi
ne pas faire de même pour
les week-ends ? Dressez une liste
des amis à retrouver, des films
à voir, des lieux à visiter…
Ainsi, vous ne serez jamais
à court d'idées !

Les vieux amis

Il est naturel de se détacher de
nos amis, mais il est des amitiés
qui valent la peine d'être
entretenues. Il suffit de peu
pour briser la glace. Alors prenez
votre courage à deux mains
et téléphonez !

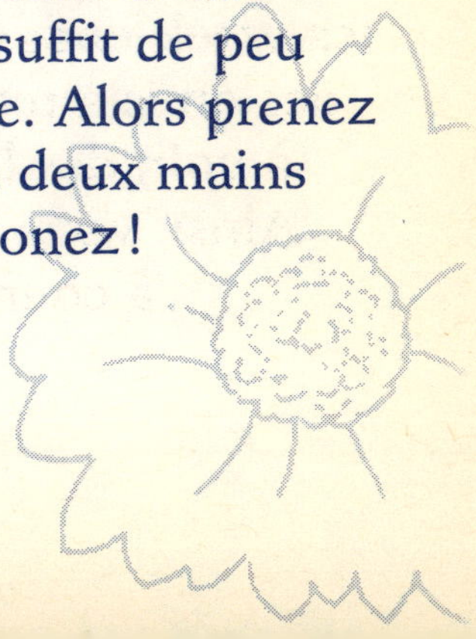

La clé du bien-être

C'est en changeant peu à peu vos habitudes que vous retrouverez santé et bien-être. Ça n'est pas toujours facile, alors faites de nombreux petits pas plutôt qu'un grand saut hasardeux. Soyez patient, vous en serez récompensé.

L'auteur

Selon Penelope Sach, la plupart de nos maux pourraient être évités si nous prenions la peine de faire vraiment attention à nous. Naturopathe et herboriste à Woollarha, en Australie, elle a mis au point toute une gamme d'infusions bio qui sont de plus en plus populaires en Australie et en Asie.

Cet ouvrage a été composé
par Atlant' Communication
à Sainte-Cécile (Vendée)
Impression réalisée sur offset par

BRODARD & TAUPIN
GROUPE CPI

La Flèche
en octobre 2001
pour le compte des Presses du Châtelet.

Imprimé en France
N° d'édition : 131 – N° d'impression : 8502
Dépôt légal : octobre 2001